Patrick Muanda

LA VIE CHRETIENNE AUTHENTIQUE

Patrick Muanda

LA VIE CHRETIENNE AUTHENTIQUE

Éditions Croix du Salut

Imprint
Any brand names and product names mentioned in this book are subject to trademark, brand or patent protection and are trademarks or registered trademarks of their respective holders. The use of brand names, product names, common names, trade names, product descriptions etc. even without a particular marking in this work is in no way to be construed to mean that such names may be regarded as unrestricted in respect of trademark and brand protection legislation and could thus be used by anyone.

Cover image: www.ingimage.com

Publisher:
Éditions Croix du Salut
is a trademark of
Dodo Books Indian Ocean Ltd. and OmniScriptum S.R.L publishing group

120 High Road, East Finchley, London, N2 9ED, United Kingdom
Str. Armeneasca 28/1, office 1, Chisinau MD-2012, Republic of Moldova, Europe
Printed at: see last page
ISBN: 978-620-3-84625-6

1. **LA VIE CHRETIENNE**
2. **LES ETAPES DE LA VIE CHRETIENNE**
3. **LES REALITES DE LA VIE CHRETIENNE**
4. **POSITION, INFLUENCES ET RESPONSABILITES**
5. **CHRETIEN ET SA VIE**

LA VIE CHRETIENNE

Dieu dans son amour a créé un être parfait à son image et l'a placé dans le jardin le dotant du pouvoir de dominer et d'assujettir la terre sous l'autorité divine. Cette créature qui avait part à la nature divine, avait la vie de Dieu car son souffle venait de Dieu lui-même.

Un jour le diable, par ruse, séduisit la femme : « Dieu a-t-il réellement dit : vous ne mangerez pas de tous les arbres du jardin ? » **Genèse 3**

Il voulait évaluer la connaissance de la femme quant à la loi divine et son attachement aux prescrits divins...L'ennemi a entrainé la femme dans la réflexion pour l'amener à lire les « non-dits » afin de susciter en elle l'envie « Dieu sait que le jour ou vous en mangerez, vos yeux s'ouvriront, et que vous serez comme Dieu... La femme vit que l'arbre était bon a manger et agréable a la vue, et qu'il était précieux pour ouvrir l'intelligence... » **Genèse 3/1-5.**

Le diable suscita l'envie et le désir de devenir comme Dieu ; la femme préféra écouter la voix du diable plutôt que celle de son créateur. Aussi Dieu les chassa du jardin maudissant le serpent et la terre tout en promettant le salut, la venue du sauveur. **Genèse 3/15**

C'est ainsi que le diable trompa la femme parce qu'il ne lui avait pas dit toute la vérité. Certes, leurs yeux s'ouvrirent, ils obtinrent la connaissance du bien et du mal mais ne moururent pas immédiatement comme le diable leur avait dit. A contrario, ils connurent le sentiment de honte, furent chassés pour au fil de temps connaitre la mort, ce que le diable ne leur avait pas dit.

Depuis ce jour, Dieu préoccupé de la situation de sa créature suprême mettra en place un plan du salut de l'humanité.

« Lorsque le temps ont été accomplis, Dieu a envoyé son Fils, ne de la femme, ne sous la loi, afin qu'il rachète ceux qui étaient sous la loi, afin que nous recevions l'adoption. **Galates 4/4-5**. Ainsi, le Christ est venu pour nous sauver car nous étions étrangers à la vie de Dieu.

Qu'est-ce qu'alors la vie chrétienne ?

1. LA VIE DE CHRIST EN NOUS

Nous étions morts par nos offenses et par l'incirconcision de notre chair, **Colossiens 2/13**, et nous étions étrangers à la vie de Dieu, **Ephésiens 4/18**, ainsi nous sommes nés, héritant la nature du péché, le Christ nous a rendu à la vie avec lui ainsi nous nous regardons comme vivants pour Dieu en Jésus-Christ.

A la lumière de ces vérités, nous comprenons que la vie chrétienne est la vie de Dieu, la vie de Christ en nous.

Nous pouvons dire comme Paul,… si je vis c'est Christ qui vit en moi… **Galates 2/20**, nous sommes revêtus de Christ **Galates 3/27**.

Le Christ vivant en nous nous communique sa nature et sa vie ainsi que même son autorité.

Ainsi le monde doit voir Christ en nous et à travers nous.

Cette vie est communiquée en nous en l'image des branches qui reçoivent la sève du tronc. Nous sommes devenus une même plante **Romains 6/5, Jean 15/5**. De même que la branche, pour vivre, doit rester attachée au tronc, de même aussi notre communion avec le Christ assure la transmission de la vie éternelle en nous. En effet, la branche partage la même nature, famille et espèce avec l'arbre. **Colossiens 3 /4** :« Quand Christ, votre vie, paraîtra, alors vous paraîtrez aussi avec lui dans la gloire. »

2. UNE VIE NOUVELLE

L'homme nait dans une société, hérite les habitudes et comportement de son environnement. Ceci constitue la vie naturelle de l'homme, marchant selon la vanité de ses pensées avec une intelligence obscurcie, se livrant au dérèglement pour commettre toute espèce d'impureté jointe à la cupidité **Ephésiens 4/17-19**.

C'est pourquoi le Christ nous a racheté de cette vaine manière de vivre que nous avions hérités de nos parents **1 Pierre 1/18-19**, afin que nous recevions l'adoption pour nous libérer de l'esclavage du péché, nous fils et héritiers **Galates 4/5-7.**Nous qui étions étrangers à la vie de Dieu, il nous a communiqué la vie de Dieu faisant de nous une nouvelle créature. Les choses anciennes sont passées et voici toutes choses sont devenues nouvelles **2 Corinthiens 5/17**. Dieu réalise une deuxième création en Christ pour des bonnes œuvres **Ephésiens 2/9**

Cette vie nouvelle est attachée à Christ car nous recevons sa nature et son caractère. Il nous donne son Esprit qui nous conduit en toute chose, nous qui autrefois marchions par la vue, en Christ nous marchons désormais par la foi.

Cette vie nouvelle n'est pas un simple changement de comportement comme certains peuvent le croire, mais un vrai changement de cœur, une profonde métamorphose car Dieu lui-même nous donne un cœur nouveau après avoir ôté le cœur de pierre **Ezéchiel 36/26,27.** En effet, Dieu ôtera le cœur dur pour un autre cœur, un cœur nouveau créé selon lui ainsi qu'un esprit nouveau pour suivre les voies du Seigneur. A l'opposé de l'homme tiré de la terre par la première création, l'homme nouveau et régénéré créé en Christ, tire son origine en Christ lui-même ; ce qui justifie sa nouvelle nature, la nature divine.

La vie nouvelle débute par la nouvelle naissance. Lorsque Dieu vous donne le nouveau cœur, point n'est besoin de vous efforcer de lui obéir, il suffit de lui demander ledit cœur.

Voici les trois étapes pour parvenir à la nouvelle vie :

1/ Le Dépouillement du vieil homme

Le terme vieil homme correspond à notre nature humaine acquise à la naissance. Ce vieil homme doit être crucifié avec le Christ afin que le corps du péché soit réduit à l'impuissance pour nous libérer de l'esclavage du péché. **Romains 6/6** car l'homme naturel est esclave du péché.

Comme tout esclave, il n'y a que deux possibilités de libération, la mort ou le rachat. Le Christ nous ayant racheté au prix de son propre sang nous invite à crucifier le vieil homme afin d'être totalement libérer de l'esclavage du péché.

Nous dépouiller de sentiments négatifs, des comportements charnels et des idées du monde.

2/ Le renouvellement de l'intelligence

Nous ne devons plus nous conformer aux habitudes de ce monde, mais laisser Dieu nous transformer et nous donner une intelligence nouvelle afin de comprendre quelle est sa volonté **Romains12/2.**

Ceci est très important car les pensées conditionnent notre comportement. Beaucoup de chrétiens sont bloqués dans leur marche par faute du renouvellement de l'intelligence. La restauration de l'âme commence par la nouvelle naissance, mais l'intelligence de plusieurs restes du moins encore imprégner des influences du monde et enseignements plus ou moins erronés que l'on a reçu tout au long de la vie, les habitudes et la culture.

Il ne suffit pas de remplacer une pensée par son contraire pour croire au renouvellement de l'intelligence, cela consiste à un changement et remplacement par la pensée de Dieu exprimée dans sa parole.

Somme toute, ce renouvellement n'est pas un changement purement intellectuel des pensées, c'est un renouvellement centré sur la personne de Jésus. Il ne consiste pas seulement à remplacer des idées fausses par des idées justes sur Jésus, mais beaucoup plus d'une connaissance expérimentée de Jésus Christ, d'une révélation personnelle de son amour.

3/ Revêtement de l'homme nouveau créé selon Dieu.

La nature nouvelle, c'est la vie de Christ en nous, sa pensée, son comportement, ses sentiments et ses motivations. On revêt la vie du Christ par la foi, non par des efforts charnels.

La vie nouvelle est celle du ressuscité. L'homme nouveau est l'homme régénéré qui diffère du vieil homme. Il est un homme nouveau parce qu'il est devenu participant de la nature et de la vie divine. Il ne s'agit en aucun cas de vieil homme restauré ou amélioré. L'homme nouveau, c'est le chrétien dans lequel Christ se forme.

Nous sommes morts par rapport à notre vie passée et sommes ressuscités avec le Christ en nouveauté de vie. **Romains 6/4**

LES ETAPES DE LA VIE CHRETIENNE

« Nous rendons continuellement grâce a Dieu pour vous tous, nous rappelant sans cesse l'œuvre de votre de votre foi, le travail de votre amour, et la fermeté de votre espérance en notre Seigneur Jésus-Christ... » **1Thessaloniciens 1/ 4.**

L'apôtre Paul parle de la vie des chrétiens de Thessalonique, de la manière dont l'évangile est entré dans leur vie et des transformations produites dans leur cœur personnel et dans leur société.

Paul y mentionne trois faits qui, à mon entendement, peuvent constituer les étapes de la vie chrétienne :

1./ L'œuvre de la foi

La foi vient ce qu'on entend, dit la bible ...La foi qui sauve est celle du cœur, celle qui accomplit les œuvres de celui qui fait l'objet de cette foi. Nous comprenons de ce fait que la foi ne devrait pas être passive, elle se doit active, elle doit nous pousser à faire des choses, à poser des actes, à porter des fruits digne de repentance et à prendre des décisions. **Romains 10/9, 10, 17.**

Le verset 9 explicite ces œuvres de la foi... « Comment vous êtes-vous convertis à Dieu en abandonnant les idoles ? ». Paul associe les œuvres de la foi à la conversion qui équivaut à la décision d'abandonner les idoles pour se tourner vers Dieu. La conversion est de ce fait, la réponse de l'homme à l'appel de Dieu.

La conversion a deux éléments essentiels à savoir la repentance et la foi.

a. La repentance

« Si vous ne vous repentez pas, vous périrez... » **Luc 13/2** La repentance est l'élément essentiel pour le salut, elle est essentiellement un changement de mentalité. Elle contient trois éléments touchant différents domaines de la vie humaine :

- Elément intellectuel impliquant un changement de point de vue en ce qui concerne le péché, Dieu et le « moi ». la Bible parle de cet aspect comme étant la connaissance du péché **Romains 3/20** ; **1/32**. Pierre a invite les juifs à considérer Christ non comme un simple humain fils de Joseph et Marie, moins encore comme un imposteur ou blasphémateur, mais plutôt comme Le Messie promis et le Sauveur. **Actes 2/14-40**

- Elément émotionnel impliquant un changement de sentiment qui suscite la tristesse pour le péché et le désir d'être pardonner. **Psaumes 51/3 ; 2Cor 7/9**

- Elément volitif impliquant ainsi un changement de volonté, de disposition intérieure et de but. C'est par cet élément qu'on se détourne intérieurement du péché. Il y a un changement de disposition pour rechercher le pardon et la purification.

Pierre dans sa prédication a voulu d'abord instruire les juifs sur la connaissance erronée qu'ils avaient de la personne de Jésus. Ainsi après avoir été touché par le Saint Esprit, ils réaliseront qu'ils étaient perdus et ont ressentiront le besoin de Dieu dans leur vie.

b. La Foi

La vie de l'homme est dirigée par ce qu'il croit et par ce en quoi il a foi.

Il convient de préciser la nuance existante entre la foi, la croyance et l'espérance.

La croyance est utilisée pour dénoter un seul élément de la foi, élément intellectuel, la connaissance tandis que l'espérance est exclusivement la foi en l'avenir. La foi se réfère simultanément au passé, au présent et au futur ; la foi est permanente.

Dans la conversion, croire, c'est se tourner vers Dieu comme se repentir, c'est se détourner du péché.

2./ Le travail de votre amour

> « ...Comment vous vous êtes convertis à Dieu, en abandonnant les idoles, pour servir le Dieu vivant » **1Thessaloniciens 1/9**

Paul parle du travail de l'amour.

Dieu a sauvé le monde par amour. Il nous demande en retour cet amour suprême. Le Christ parle du premier et plus grand commandement : aime le Seigneur ton Dieu de tout ton cœur, toute ton âme et de toute ta force, car le Seigneur ton Dieu est l'unique Seigneur. **Marc 12/28-30, Matthieu 22/34-40 ; Deutéronome 6/1-9**

L'épitre aux **Hébreux 12/28** de renchérir : soyons donc reconnaissant puisque nous recevons un royaume inébranlable.

Manifestons cette reconnaissance en servant Dieu d'une manière qui lui soit agréable, avec respect et crainte. Nous devons servir par reconnaissance et amour, non pas pour être béni.

Le Christ posa trois fois la même question à l'apôtre Pierre avant de lui confier la responsabilité de ses brebis, Simon fils de Jonas m'aimes-tu ?... Et le Christ lui dit « Paie mes brebis » **Jean 21/15-17**. Jésus voulait ramener Pierre, ainsi que toute l'église, à savoir que le mobile de notre service pour Dieu doit toujours notre Amour pour lui.

Tout comme une femme vertueuse et sage se lève de bon matin pour servir sa maison et son mari sans demander en retour un salaire, elle fait ce travail comme preuve de son amour et attachement à son mari et sa famille, tout comme l'Eglise aussi, épouse du Christ, doit servir son Seigneur, maitre et Epoux.

Tout chrétien est appelé à servir Dieu par rapport aux dons reçus car à chacun de nous, la grâce a été donnée selon la mesure du don du Christ et comme des bons dispensateurs des diverses grâces de Dieu, que chacun de nous mette au service des autres le don reçu. **Ephésiens 4/7 ; 1 Pierre 4/10**.

La moisson est grande et le Maitre a besoin d'autres ouvriers pour le servir. Je vous convie bien-aimés dans le Seigneur de figurer parmi les serviteurs utiles et bons car nous aurons part au repos dans le royaume. Ne soyez pas cités parmi les mauvais et paresseux serviteurs car leur part est dans les lieux des ténèbres. **Matthieu 25/14-29**.

Servons donc le Seigneur avec un cœur dévoué, une âme bien disposée, avec intégrité, fidélité, zèle et détermination, servons-le de mieux en mieux. **1Chroniques 28/9-10 ; Josué 24/14 ; 1 Cor 4/1,2 ; Romains 12/11 ; 1Cor 15/58.**

3./ La fermeté de votre espérance

Le chrétien, né de Dieu, doit savoir que nous ne sommes plus de ce monde ; nous sommes étrangers et voyageurs dans l'attente de la cité céleste et permanente. **Phillipiens 3/20 ; 1 Pierre 1/11**

La finalité de la vie chrétienne : Dieu nous a sauvé pour être avec lui, vivre sa vie dans son royaume ; nous le suivons pour entrer dans la cité céleste.

C'est pourquoi, veillez donc vu que le jour demeure inconnu. Le Christ reviendra prendre son corps, son église. **Matthieu 24/42 ; 25/13.**

LES REALITES

DE LA

VIE CHRETIENNE

Ayant été racheté par le sang de Christ, ayant reçu l'adoption dans le but d'appartenir à la nouvelle famille de Dieu, devenu citoyens célestes, il est important de comprendre comment cette vie fonctionne. Comme dans toute société, quand vous voulez en faire partie, il est un devoir de connaitre les trois bases pour s'adapter à une nouvelle société que sont :

- *Les principes* : les normes de vie de la société, ce qui se fait dans ladite société et la manière de le faire.

- *Les interdits* : toute société ou famille a ses interdits, ils vous diront, chez nous on ne fait pas ceci, on ne mange pas cela...

- *Les initiations* : dans chaque famille ou société, il y a des choses nouvelles que nous rencontrons en l'occurrence la langue ou le langage, les habitudes qui naturellement sont nouveaux et requièrent d'être initier en vue d'une intégration.

C'est ainsi que pour cette nouvelle vie à laquelle nous étions autrefois étrangers, nouvellement nés, nous sommes adoptés ; nous devons savoir quels sont les principes régissant cette nouvelle famille, savoir ce que tu ne dois pas faire pour ne pas marcher à l'encontre des lois établies, des choses que tu dois faire mais pour lesquelles tu ne sais par où commencer, il faut un mentor pour t'enseigner et t'initier.

Les chrétiens ont des sérieux problèmes dans leur marche avec le Seigneur parce qu'ils ne connaissent pas exactement les réalités de la vie chrétienne. De bonne foi, ils veulent la vivre comme leur vie naturelle avec l'intelligence humaine, télescopant les principes de la vie naturelle humaine dans la vie céleste et c'est justement à ce niveau que se pose le problème. Le chrétien qui a compris les réalités de cette vie murmure moins et sa foi grandit chaque jour, il reste aux pieds du Maitre pour appendre.

Plusieurs de vos questions trouveront des réponses lorsque vous comprendrez les réalités de cette vie céleste vécue sur terre.

La vie chrétienne en soi est une :

1. Vie de séparation

Tu seras entièrement à l'Eternel, ton Dieu ; car vous êtes une race élue, un sacerdoce royal, une nation sainte, un peuple acquis... **Deutéronome 18/13 ; 1 Pierre 2/9.**

De même que Dieu a libéré le peuple d'Israël, de même qu'il a racheté l'Eglise par le sang de son Fils, il les a choisi et les a appelés hors du monde pour lui appartenir. Ils sont mis à part pour Dieu.

Le peuple de Dieu est appelé à se séparer du monde, des mœurs et pratiques du monde... Tout en vivant dans le monde, tu n'apprendras pas à imiter les abominations de ces nations... **Deutéronome 18/9**.

Un peuple saint... dans son étymologie, le mot saint signifie MIS A PART et le terme Eglise signifie APPELES HORS.

Dieu a choisi le peuple d'Israël parmi les peuples du monde, il a conclu alliance avec lui afin que ce dernier lui appartienne. Il les a mis à part et de ce fait, ce peuple devait vivre selon les principes divins ; Israël devait baser son style de vie sur Dieu ; de la sorte, la loi divine constituait en soi la constitution de l'Etat.

Le patriarche Abraham de qui nous héritons les promesses de l'alliance, Dieu se révéla à lui de manière soudaine lui donnant l'ordre de quitter et de se séparer avec sa patrie et sa famille **Genèse 12/1**. Toutes les promesses faites à Abraham par Dieu dépendaient de son attitude par rapport à cet ordre : obtempérer en partant affronter l'étrangeté de l'étranger. Si pour Abraham la séparation était physique, Dieu nous demande une séparation spirituelle : ...Sortez du milieu d'eux et séparez-vous, ne toucher pas à ce qui est impur, ainsi dit le Seigneur **2 Corinthiens 6/17.**

Le Christ nous sauve et nous laisse dans le monde sans être de ce monde, c'est ainsi frères, ne vous conformez plus au monde **Romains 12/2** ; n'ayez donc aucune part avec eux et ne prenez point part aux œuvres infructueuses des ténèbres mais plutôt condamnez les. **Ephésiens 5/7,11**.

Sur le plan moral, la séparation constitue un principe fondamental car il est impossible à Dieu de bénir pleinement et d'utiliser ses enfants s'ils vivent dans les compromis ou dans la complicité avec le mal.

La séparation d'avec le mal implique la séparation d'avec les désirs, les motifs et les actes conformes au monde dont le sens moral est perverti.

En acceptant de se séparer, la vie chrétienne devient un risque où vous accepter de perdre pour le Seigneur afin de gagner la vie. **Marc 8/35.**

2. Vie de consécration et sanctification

Nous sommes appelés à marcher de progrès en progrès et à rechercher l'excellence, à nous consacrer entièrement à Dieu, à posséder tout notre corps dans la sainteté et honnêteté car nous sommes appelés à la sanctification ; c'est ce que Dieu veut de nous. **1 Thessaloniciens 4/1-7.**

Dieu nous a appelés à la sanctification.

Mais, puisque celui qui vous a appelés est saint, vous aussi soyez saints dans toute votre conduite selon qu'il est écrit : 'Vous serez saints, car je suis saint. **1 Pi. 1:15-16.**

En définitive, Dieu est saint de par Son caractère et Sa sainteté devient le critère du bien et du mal dans la conduite humaine. C'est ce que Watson appelle : « la sainteté primaire »

3. Vie de discipline

Comme des pèlerins et des combattants pour la foi, cela implique une certaine discipline qui consiste à :

- *Faire ce que Dieu te dit de faire même si cela semble être difficile*, car Dieu ne nous demande que l'obéissance qui vaut mieux que les sacrifices. C'était une obéissance couteuse pour Abraham d'accepter d'offrir l'unique fils qu'il a eu en son vieux âge ...**Genèse 22/2**. Dieu voulait une obéissance totale de la part de Saul **1Samuel 15/3**. Par moment Dieu nous poussera par obéissance à prendre une décision impopulaire là où tout le monde te dira non pas ceci, mais seras-tu prêt à dire oui à Dieu comme Esaïe ? **Esaie 20/1-3.**

- *S'abstenir de ce que la Parole de Dieu interdit même si cela est bénéfique pour vous.* Au temps d'Esdras, le peuple accepta de renvoyer les femmes étrangères mariées et les enfants issus de leur union pour obéir à Dieu nonobstant l'amour que ces hommes avaient pour leur famille. **Esdras 10/10-12.**

4. Vie de combat

Le christ nous a choisi pour lui appartenir, il nous a tiré hors du monde pour être ses frères ; c'est pourquoi si vous étiez du monde, le monde aimerait ce qui est à lui, mais parce que vous n'êtes pas du monde, je vous ai choisis du milieu du monde. Voilà pourquoi le monde vous hait. **Jean 15/19**.

Je vous le dis en vérité, il n'est personne qui, ayant quitté, à cause de moi et à cause de la bonne nouvelle, maison, frères, sœurs, mère, père, enfants, terres, ne reçoive au centuple, présentement dans ce siècle-ci, des maisons, des frères, des sœurs, des mères, des enfants, et des terres, avec des persécutions, et, dans le siècle à venir, la vie éternelle. **Marc 10/29,30.**

Si le chrétien est prêt à réclamer haut et fort ses bénédictions auprès de son Père, il doit savoir que les persécutions sont associées à elles.

Gloire soit rendu au Père céleste, car le maitre dit : vous aurez des tribulations dans le monde ; mais prenez courage, j'ai vaincu le monde. **Jean 16/33.**

En réalité, ce ne sont pas nos semblables qui sont nos adversaires, ne nous trompons pas de cibles, nous avons à lutter contre les dominations, les autorités, et les princes de ce monde des ténèbres et contre les esprits méchants dans les lieux célestes. L'adversaire, le diable, rode toujours autour de nous. **Ephésiens 6/12 ; 1 Pierre 5/8**.

Il est important pour le croyant de connaitre les règles pour une victoire assurée dans ce combat contre l'adversaire.

Les attitudes dans le combat conditionnent ta victoire :

- Nous ne combattons pas contre la chair et le sang.
  L'humain n'est pas ton adversaire, ne perd pas ton temps à le haïr. Combattez plutôt l'esprit qui l'anime.

- Avoir l'attitude du vainqueur.
  Le christ dit qu'il a vaincu le monde, c'est pourquoi marchons sans crainte étant assuré de notre victoire car celui qui est en nous est plus grand que celui qui est dans ce monde, et nous avons vaincu le malin. **1 Jean 2/13,14 ; 4/4**.

- Soumission au Seigneur **1 Pierre 5/5-7**
- La résistance par la foi **v8, 9**
- Vigilance sans laisser accès au diable **v7, Ephésiens 4/27**
- Fermeté **Ephésiens 6/14**

5. Vie d'épreuves

Le chrétien doit apprendre à regarder comme un sujet de joie complète les diverses épreuves auxquelles il peut être exposées **Jacques 1/ 2-4.** Nous ne devons pas trouver étrange d'être dans la fournaise de l'épreuve. Au contraire cela nous permet d'avoir part à la souffrance de christ et ceci doit constituer un sujet de joie pour nous. **1 Pierre 4/ 12-16.**

Les épreuves sont inhérentes à la vie quotidienne du chrétien vu que c'est au travers de celles-ci que le Seigneur forme notre foi et notre caractère. Le malheur atteint souvent les justes, mais l'Eternel délivrera toujours son juste **Psaumes 34/20.**

Le seigneur nous soumet à l'épreuve :

- En nous demandant de grands sacrifices **Genèse 22/1-2** afin de jauger notre amour pour lui, voir le choix de notre vie ;

- En nous conduisant sur un chemin difficile aux yeux des hommes afin d'humilier notre cœur et voir à quel point on peut compter sur lui. **Deutéronome 8/2**

- Dieu nous soumettra par moment à des choix difficiles pour voir la disposition de notre cœur **2 chroniques 32/31.**

- Dieu permettra la tentation dans votre vie ;

- Les retards et le silence de Dieu mettront à l'épreuve notre courage et notre patience, cela nous permettra d'accéder à la classe d'élites. **Jean 11/6,21.**

6. Vie de foi et de dépendance

Si je vis maintenant dans la chair, je vis dans la foi au Fils de Dieu, qui m'a aimé et qui s'est livré lui-même pour moi. **Galates 2/20**. Mon juste vivra par foi **Hébreux 10/38**. Comme des brebis, nous devons croire et avoir confiance au berger, le bon berger, car lui seul nous conduira dans les verts pâturages et fera reposer notre âme. **Psaumes 23**.

Le chrétien doit savoir que le Seigneur est souverain, tout ce qu'il veut il le fait. Psaumes **1354,5.**

Nous devons croire et ne dépendre que de lui.

POSITION,

INFLUENCES ET

RESPONSABILITES

Sans explication nécessaire sur la position de bénédictions parfaites dans laquelle nous sommes ainsi introduites, tout exposé si magistrale soit-elle demeurera exhaustive.

Bon nombre d'âmes sauvées et vivifiées sont encore retenues dans les liens du doute et de la confusion simplement parce qu'elles ignorent encore les conséquences de ce que le Christ a accompli à notre égard sur la croix.

La position du chrétien, c'est en Christ et là où il est actuellement, assis à la droite du Père, Dieu nous considère comme étant mort avec le Christ, ressuscité avec lui et de ce fait, il nous fait asseoir avec lui ensemble dans les lieux célestes. **Colossiens 3/3, Ephésiens 2/4-6**. Même vivant dans le corps charnel et sur la terre, nous sommes vus devant Dieu, assis ensemble dans les lieux célestes, dans le Christ Jésus.

Car christ a non seulement porté nos péchés mettant fin par sa mort à l'histoire du vieil homme pour ceux qui croient en lui puisqu'ils ont été crucifiés avec lui, mais il a aussi glorifié Dieu dans cette œuvre. **Jean 13/31,32 ; 17/4,5**. Et par ce sacrifice suprême, il a obtenu pour nous une position d'acceptation actuelle et certaine selon la nature et la faveur de Dieu qu'il a glorifié.

En effet, nous sommes en Christ devant Dieu et Christ est en nous ici-bas. Si Dieu nous donne une place en christ là où il est, c'est afin que nous puissions lui rendre témoignage où nous sommes. **Jean 15/4, Galates 2/20, Ephésiens 3/17, Colossiens 1/27**.

Le christ a toujours vécu et marché comme celui qui était venu d'en haut, la vie qu'il a parcouru était une vie céleste- la vie de celui qui était venu du Père pour le révéler et pour manifester la perfection du ciel sur la terre. C'est pourquoi Il pouvait dire celui qui m'a vu a vu le Père **Jean 14/9**, car en réalité, il était la représentation parfaite du Père. C'est de cette manière que nous devrions marcher, comme ceux qui n'appartiennent pas a la terre, mais au ciel et qui manifestent sur la terre le caractère du ciel car nous sommes morts avec le Christ.

Dans bon nombres de paraboles, le Christ nous enseigne sur notre marche et responsabilités, lui-même étant l'exemple, il nous a laissé un modèle afin de suivre ses traces. **1 Pierre 2/21.**

1. La lumière

Vous êtes la lumière du monde dit le christ **Matthieu 6/22,23 ; Luc 11/34-36**

La lumière doit avant tout briller en dedans avant de luire au dehors.

Avant de pouvoir soi-même brillé, il faudra contempler christ dans sa marche, dans sa vie, dans sa gloire. Seule la contemplation de christ nous permettra de le refléter. L'œil éclaire l'intérieur, la lampe brille au dehors.

La lampe luit pour tous ceux qui sont dans la maison, la lampe brille afin que ceux qui entrent voient la lumière. La lumière doit luire devant les hommes : témoignage rendu non par beaucoup de paroles mais par les bonnes œuvres qu'ils observent. **Matthieu 5/15,16 ; Luc 8/16 ; 1 Pierre 2/12.**

2. Le sel

La lumière dissipe les ténèbres, le sel préserve de la corruption. **Matthieu 5/13.**

Il s'agit ici de la séparation pour Dieu, d'une décision du cœur pour lui, de l'effet sanctifiant de la grâce de l'être intérieur.

Le Seigneur enseigne en Matthieu que le témoignage des chrétiens dans le monde doit se préserver de la corruption, de l'ambiance où ils se trouvent. Sachez bien-aimés que le monde méprise les chrétiens lâches. Raison pour laquelle lorsque le sel vient à perdre sa saveur, il ne sert plus à rien ; on le foule aux pieds, il est jeté au fournier.

Le sel est également lié au sacrifice **Marc 9/49-51**

Lors de l'offrande des gâteaux dans **Lévitiques 2**, le sel de l'alliance ne devait pas manquer faisant allusion à la décision du cœur de rester fidèle à la relation dans laquelle Dieu nous a placés envers lui.

3. La branche

L'arbre est reconnu par son fruit. **Jean 15/5.**

La question est de savoir de quelle nature est le fruit que nous portons ? Car le Père, cultivateur, est friant de fruit ; il envoie ses esclaves pour en chercher dans sa propre vigne mais n'obtient rien. Il envoie même son Fils unique mais hélas, les cultivateurs gardent les fruits pour eux. **Matthieu 21/33-41**.

Combien n'avons pas reçu du Seigneur ? A quoi et pour quoi employons-nous tous ces avantages, tous les dons reçus de Dieu ? Pour lui ou pour nous-mêmes ?

Le maitre vient encore vérifier son figuier mais il est stérile. Il patiente trois années sans résultat. **Luc 13/6-9**.

Mais pourquoi occupe-t-il inutilement la terre ?

Le fruit se remarque davantage dans ce que l'on est, dans l'attitude, le caractère et la personnalité.

Le service se traduit par les actes, ce que l'on fait. Les deux sont indissociables. Portons donc du fruit en toute bonne œuvre.

Ce que nous faisons compte, mais plus encore comment nous le faisons.

4. Les lettres

Vous êtes manifestement une lettre de Christ, écrite par notre ministère, non avec de l'encre mais avec l'Esprit du Dieu vivant, non sur des tables de pierre, mais sur des tables de chair, sur les cœurs. **2 Corinthiens 3/2,3.**

La vie du chrétien est comme lettre que Dieu adresse au monde pour l'instruction afin de savoir ce qu'il veut et ce qu'il attend de ses créatures, de ceux qui croient en lui.

5. *Ambassadeurs pour représenter* ***2 Corinthiens 5/20***

Nous sommes ambassadeurs pour Christ si nous avons fait de Jésus-Christ le Seigneur de notre vie. Nous avons été envoyés pour agir en tant que représentant pour Lui dans ce monde. Tout comme les pays envoient des ambassadeurs pour représenter leurs intérêts dans d'autres pays, nous avons été envoyés sur terre pour veiller aux intérêts du Royaume de Dieu.

Partout où nous sommes, nous représentons le Roi des rois, c'est un honneur et une lourde responsabilité de faire la promotion du Royaume de Dieu, de le faire connaitre en apprenant aux hommes à se réconcilier avec Dieu, notre créateur, en acceptant celui qu'il a envoyé, le Fils unique, car en lui, Dieu a réconcilié le monde avec lui-même.

2 corinthiens 5/ 19.

6. <u>Intendants pour distribuer</u> 1 Pierre 4/10

Comme des bons dispensateurs des diverses grâces de Dieu, que chacun de vous mette au service des autres le don qu'il a reçu.

Dieu nous a communiqué son amour et ses faveurs combien multiples afin que nous en soyons les distributeurs sur la terre.

Ainsi, qu'on nous regarde comme des serviteurs de Christ et des dispensateurs des mystères de Dieu. Du reste, ce qu'on demande des dispensateurs, c'est que chacun soit trouvé fidèle. **1 Corinthiens 4/1,2.**

Dieu nous a fait confiance en nous confiant ses grâces multiples et cela pour un intérêt indivis **1 Corinthiens 12/7**. Nous sommes les gestionnaires de biens de Dieu pour la bénédiction des autres, de ce fait, mettons nos talents, nos moyens, notre savoir et nos capacités aux services des autres pour la gloire de Dieu.

Chers frères et sœurs, soyons fidèles dans la gestion des biens de Dieu qui nous confies, car si vous n'avez pas été fidèles dans ce qui est à autrui, qui vous donnera ce qui est à vous ? **Luc 16/12.**

7. <u>Témoins pour témoigner</u> ***Esaie 43/10, Actes 1/8***

Vous êtes mes témoins, dit l'Eternel... vous recevrez une puissance, le Saint-Esprit survenant sur vous, et vous serez mes témoins...

L'apôtre jean déclare : ce que nous avons entendu, ce que nous avons vu de nos yeux, ce que nous avons contemplé et que nos mains ont touché, concernant la parole et la vie a été manifestée et nous l'avons vue et nous lui rendons témoignage... **1 jean 1/1,2**.

La femme samaritaine qui avait fait une vraie rencontre avec le Messie attendu pendant des siècles n'a pas hésité de retourner en ville pour rendre témoignage au fils de l'homme, elle n'a pas attendu d'être parfaite pour rendre témoignage, le même jour qu'elle avait expérimenté la gloire du Seigneur, elle alla rendre témoignage. **Jean 4/28-30**.

Nous qui avons rencontré le Seigneur, nous avons le devoir de témoigner aux hommes qui est le Messie et ce qu'il a fait dans notre vie. La part de l'homme est de rendre témoignage de la vie éternelle que nous expérimentons et laissez à l'Esprit de Dieu la responsabilité de convaincre les cœurs des hommes.

Le témoin, c'est celui qui a quelque chose de valable à dire et qui a goûté combien le Seigneur est bon. Selon l'apôtre Jean, c'est celui qui a entendu, touché, contemplé et qui annonce Christ avec assurance **1 Jean 1/1**.

Bien-aimé, ne pas témoigner relève de l'égoïsme, à défaut remet en cause la rencontre avec le Seigneur. Si tu as gouté que le Seigneur est bon, dans ce cas parle aux autres. Si tu as trouvé la source d'eau vive recherchée par les hommes, convie les autres à venir s'abreuver. Si tu as expérimenté la vie nouvelle, vie éternelle, alors réveille les autres car ils sont encore morts.

LE CHRETIEN ET SA VIE

1. Le chrétien et le monde

Attachez-vous aux choses d'en haut et non à celles qui sont sur la terre. L'amour du monde est inimitié avec Dieu, celui qui se fait ami du monde se fait ennemi de Dieu. Bien-aimés, n'aimez pas le monde, ni les choses qui sont dans le monde. Si quelqu'un aime le monde, l'amour du Père n'est point en lui...car tout ce qui est dans le monde ne vient pas du Père, et le monde passera avec ses convoitises. **Colossiens 3/2 ; jacques 4/4 ; 1 jean 2/15-17**.

Dans tous les aspects de la vie, l'amour et la haine vont de pair. Dans **Psaumes 97/10, Romains 12/9,** vous trouverez : vous qui aimez l'Eternel, haïssez le mal ! que l'amour soit sans hypocrisie. Ayez le mal en horreur...

L'apôtre Jean nous met en garde dans son épitre sur le faux amour, l'amour que Dieu déteste, l'amour du monde.

Le chrétien doit savoir que le Seigneur nous a choisi au milieu du monde ; désormais nous ne sommes plus du monde, nous sommes citoyens céleste **Philippiens 3/20**, voilà pourquoi le monde nous hait et voilà pourquoi nous devons affectionner les choses d'en haut, du ciel, notre milieu naturel désormais.

En effet, l'attachement aux biens de ce monde n'est pas seulement une question d'activité, mais aussi question d'attitude.

Qui veut être ami de Dieu, doit se préserver d'aimer le monde au risque de devenir son ennemi.

2. Le chrétien et son prochain **Rom 12/9; 14/13**

Le christ annonçant sa trahison, il donne le nouveau commandement à ses disciples que nous sommes : Aimez-vous les uns les autres. Comme je vous ai aimés, vous aussi aimez-vous les uns les autres. L'amour est le sceau du disciple du christ. **Jean 13/34**.

La loi dit tu aimeras ton prochain comme toi-même ; voici pourquoi le Christ sauvant le monde, donne un commandement nouveau afin que la base de l'amour et la source même dudit amour soit celui que tu as reçu de Christ lui-même. De la mesure que le Christ t'a aimé, sans condition ni préalable, il nous a aimé et accueilli tel que nous étions, il nous a aimé gratuitement, de la même mesure nous devons aime les frères.

Que l'amour soit sans hypocrisie.

Par amour, soyez pleins d'affection les uns pour les autres, pourvoyez aux besoins des autres, ne rendez à personne le mal par le mal.

L'amour est patient, plein de bonté, ne fait rien de malhonnête, il ne cherche point son intérêt, il excuse tout et il supporte tout.

Voici le principe de ma vie communément désigné la règle d'or : tout ce que vous voulez que les hommes fassent pour vous, faites-le de même pour eux. **Matthieu 7/12.**

Pratiquer le bien en premier pour autrui sans espérez quoi que ce soit en retour car Dieu seul se souviendra de vous.

Marchez d'une manière digne de votre vocation comme chrétien, en toute humilité et douceur, avec patience, vous supportant les uns les autres avec amour, vous efforçant de conserver l'unité de l'Esprit par le lien de la paix ; renoncez au mensonge, et que chacun de vous parle selon la vérité a son prochain, car nous sommes membres les uns des autres. **Ephésiens 4/2,3, 25,32.**

Soyez bons les uns envers les autres, compatissants, vous pardonnant réciproquement, comme Dieu vous a pardonne.

3. Le chrétien et sa marche

Les écritures nous montrent trois manières de marcher dont les deux premières sont opposition à la pensée de Dieu.

- La marche charnelle (selon la chair) :

Marcher selon la chair, c'est se comporter comme « tout le monde », marcher à la lumière des raisonnements humains, avec des motivations centrées sur l'homme. Certaines personnes marchent encore selon la vanité de leurs pensées, ils sont livrés aux dérèglements en commettant toute espèce d'impureté et cupidité, étant donné que leur intelligence est obscurcie. **Ephésiens 4/17-19**.

Les écritures nous mettent en gardent par rapport à cette marche car étrangère à la vie de Dieu.

La marche charnelle aboutit en tout état de cause aux œuvres mortes, au péché et à la corruption.

Cher frère, faites très attention car vous pouvez marcher selon la chair en faisant quelque chose de bien pour le Seigneur.

Ouzza avait bien fait, humainement parlant, de soutenir l'arche qui semblait déchoir mais Dieu le frappa de mort. **1 chroniques 13/7-10**. Le bien peut faire obstacle au meilleur, c'est pourquoi le feu éprouvera la nature des œuvres de chacun **1corinthiens 3/13.**

Vous ne devez pas marcher selon la chair.

- L'esclavage satanique

Toutes les pratiques occultes sont en horreur à l'Eternel. **Deutéronome 18/9-14**. Certaines gens sont liées, possédés par les esprits mauvais qui contrôlent leur esprit et conditionnent leur comportement et marche dans la société.

- La marche par l'Esprit

Elle consiste à penser, prier, parler ou se taire, décider et agir en dépendance du Saint Esprit.

Marchez selon l'Esprit et vous n'accomplirez pas les désirs de la chair. Nous ne sommes plus sous la loi, si nous sommes conduits par l'Esprit. **Galates 5/16-19**.

Marchons selon l'éclairage du saint Esprit et avec la force que le Saint Esprit nous communique. **Colossiens 1/9, 10,29**.

L'itinéraire du peuple d'Israël dans le désert ne dépendait pas de la sagesse humaine mais de la direction de Dieu au travers de la nuée. **Nombres 9/17-23**.

Le Christ, modèle par excellence, disait : ma nourriture est de faire la volonté de celui qui m'a envoyé et d'accomplir son œuvre. **Jean 4/43**. Le Christ ne faisait rien de lui-même, il parlait selon ce qu'il a entendu de son Père. **Jean 5/19,30 ; 8/26-28, 38-40 ; 12/48-50 ; 14/10,24 ; 15/15**.

Etant disciple du Maitre, que notre vie quotidienne soit à la lumière de l'Esprit, qui nous révèle la pensée de notre Père céleste.

4. L'alcool et le chrétien aujourd'hui

Six raisons pour ne pas boire.

Il convient de savoir que "le vin moderne et le vin dans la Bible ne sont pas identiques. Là où la Bible en parle en bien, c'est le jus de raisin et là où elle le condamne, c'est une boisson alcoolisée", eu égard aux mots utilisés dans les textes originaux.

Nombre de pasteurs ainsi que des chrétiens fidèles et sincères dans leur dévouement envers le Seigneur prennent le vin à table. Mais cette sincérité n'enlève rien au mauvais témoignage de celui qui consomme, ni aux buveurs de boissons alcoolisées.

Et le fait qu'une minorité du monde chrétien boive de l'alcool esquivant habilement ses écueils n'enlève n'édulcore en rien la véracité des faits allégués.

Le chrétien occupe une place quasi inconfortable dans la société. Il se dit disciple d'un Maître qui a été rejeté par le monde. Il est appelé à être ambassadeur d'un Seigneur qui condamne explicitement beaucoup de pratiques courantes dans le monde. Et il est encouragé à servir de "sel" pour ralentir la corruption dans le monde et de "lumière" pour ceux qui veulent s'échapper des ténèbres du monde. Jésus a dit : "Le monde... me hait, parce que je rends de lui le témoignage que ses œuvres sont mauvaises" **(Jean 7:7).**

Il dit à ses disciples : "Vous êtes le sel de la terre. Mais si le sel perd sa saveur, avec quoi la lui rendra-t-on ? Il ne sert plus qu'à être jeté dehors, et foulé aux pieds par les hommes.... Que votre lumière luise ainsi devant les hommes, afin qu'ils voient vos bonnes œuvres, et qu'ils glorifient votre Père qui est dans les cieux" **(Mat. 5:13, 16).**

Pour être le sel et la lumière, le disciple doit se distinguer du monde.

Dieu nous a appelés à être le sel, la lumière et ambassadeurs dans ce monde, en côtoyant ceux dont le comportement n'est pas à imiter. Ainsi, nous devons faire des choix judicieux. Je crois qu'il y a de bonnes raisons de ne pas accompagner le monde dans la consommation de vin ou de d'autres boissons alcoolisées.

1ère raison :

La Bible condamne les buveurs d'alcool ! "Malheur à la couronne d'orgueil des ivrognes d'Éphraïm et à... ceux qui sont vaincus par le vin.... Mais ceux-ci aussi ont erré par le vin et se sont égarés par la boisson forte" (**Es. 28:1, 7**, Darby). Quelle que soit son interprétation des mots utilisés dans la Bible qui sont traduits par vin, l'étudiant honnête de la Bible doit convenir que l'alcool comme il se présente aujourd'hui n'est jamais approuvé dans la Bible.

2ème raison :

Boire de l'alcool entraîne l'ivrognerie ! Un buveur d'alcool sur dix devient alcoolique. IL est un fait qu'une personne ne peut savoir s'il sera susceptible de devenir alcoolique avant d'essayer de boire de l'alcool. Mais pour une personne susceptible, une fois qu'elle commence à boire, c'est déjà trop tard. Au lieu de jouer à la roulette russe avec la boisson, il est préférable de s'abstenir.

3ème raison :

Boire de l'alcool entraîne la chute des autres ! Voici les raisons qui sont données par les adolescents qui boivent :

1. L'ennui ;
2. La pression des copains ;
3. L'imitation des adultes (une façon de vivre apprise des parents);
4. Le soulagement des émotions ;
5. Pour le "feeling" ou la sensation.

Selon ce sondage, une des premières raisons qui poussent les adolescents à boire est l'exemple des parents. Un chrétien n'a pas le droit d'enseigner par son exemple quelque chose qui entraîne d'autres à chuter. Paul dit : "Il est bien de ne pas manger de viande, de ne pas boire de vin, et de s'abstenir de ce qui peut être pour ton frère une occasion de chute, de scandale ou de faiblesse" **(Rom 14:21).**

D'innombrables chrétiens clament leur "liberté chrétienne" lorsqu'il s'agit de boire socialement. Pour ce faire cela, ils doivent tourner le dos au passage biblique ci-haut.

Ces chrétiens, suite à leur faiblesse dans le témoignage, ont donné à des multitudes de gens une excuse pour boire.

4ème raison :

Boire de l'alcool endommage le corps, propriété du Seigneur. "Ne savez-vous pas que vous êtes le temple de Dieu, et que l'Esprit de Dieu habite en vous ? Si quelqu'un détruit le temple de Dieu, Dieu le détruira ; car le temple de Dieu est saint, et c'est ce que vous êtes" **(I Cor. 3:16-17).**

Le mal que l'alcool cause au corps humain à la longue est bien documenté. Les médecins ne cessent pas de tirer la sonnette d'alarme contre sa consommation.

La bière, le vin, et les autres boissons alcoolisées forment des substances toxiques appelées aldéhydes qui peuvent détruire le foie et les cellules du cerveau." Cela seul serait une excellente raison de ne pas boire.

5ème raison :

L'alcool est un intoxicant. **I Cor. 6:12** nous dit que nous ne devrions pas nous laisser asservir par quoi que ce soit. La seule exception, c'est le Saint-Esprit **(Ephésiens 5:18).**

L'alcool est clairement une substance puissamment "intoxicante", qui produit l'empoisonnement du système et un besoin dans le système.

Le dictionnaire donne une définition du mot "intoxiquer" qui fait réfléchir : "influencer de façon insidieuse les esprits pour les rendre sensibles à ...". Nous devrions choisir de ne pas commencer à boire (ce qui nous influencerait à continuer de boire), et si le chrétien est pris de l'habitude de boire, il devrait tout faire pour s'en défaire avec l'aide de Dieu.

6ème raison :

Les croyants sont rois et prêtres, séparés pour servir Dieu. Les Prophètes, les rois, les Nazaréens, les leaders -- ceux qui étaient appelés à une mission particulière dans le plan de Dieu -- étaient voués à l'abstinence totale. Les rois et les officiers publics ne devaient pas boire –

> **Proverbes 31:4-5** « Ce n'est point aux rois,... Ce n'est point aux rois de boire du vin, Ni aux princes de rechercher des liqueurs fortes, De peur qu'en buvant ils n'oublient la loi, Et ne méconnaissent les droits de tous les malheureux ».

Les sacrificateurs selon l'ordre d'Aaron ne devaient pas boire, parce qu'ils administraient le tabernacle devant Dieu... « Tu ne boiras ni vin, ni boisson enivrante, toi et tes fils avec toi, lorsque vous entrerez dans la tente d'assignation, de peur que vous ne mouriez : ce sera une loi perpétuelle parmi vos descendants » **Lévitiques 10:9.** Les croyants sous la nouvelle alliance forment un sacerdoce royal (**I Pierre 2:9**). Nous sommes le temple de Dieu **(I Pierre 2:5**). Nous sommes les enfants spéciaux de Dieu et devrions choisir l'abstinence.

Table des matières

Printed by Books on Demand GmbH, Norderstedt / Germany